Les dialogues ont été choisis de telle sorte que les oppositions phonématiques, ainsi que les contrastes des phonèmes sur le plan syntagmatique, sont toujours présentées dans *tous les contextes possibles*. C'est ainsi que, pour les voyelles, on a toujours, entre autres contextes, un dialogue dans lequel la voyelle étudiée apparaît précédée ou/et suivie de [ʀ] ou [l] (ex. *leçon* 1 : dialogues 2 et 4 ; *leçon* 2 : dialogue 8, etc.). On sait que ces deux consonnes apportent généralement les plus fortes distorsions aux voyelles adjacentes.

Chaque unité du système vocalique a été présentée, d'autre part :

— en syllabe *ouverte* et en syllabe *fermée*,
— en syllabe *accentuée* et en syllabe *atone*,
— dans tous les contextes *prosodiques* les plus courants.

Bien qu'il s'agisse d'exercices d'assouplissements *intensifs*, à la fois articulatoires et intonatifs, à l'usage d'étudiants non-débutants, nous avons manifesté le souci constant d'éviter des accumulations de difficultés qui auraient risqué de nuire à la spontanéité des dialogues. Le débit de ces derniers pourra être accéléré progressivement afin de briser, par étapes, les dernières résistances à une élocution parfaitement limpide.

Pour des raisons de souplesse pédagogique et par souci de logique, nous avons présenté d'abord le système vocalique, puis le système consonantique et, enfin, les faits de coarticulation : enchaînements vocaliques et consonantiques. Il appartiendra au professeur, en fonction du public et du but poursuivi, d'élaborer sa propre progression. On remarquera, toutefois, que l'ordre de présentation dans chaque partie constit___ _____ _____ de progression. C'est ainsi que,

— les deux premières leçon_____ail initial sur la tension du fra_____ | : étirement extrême opposé à _____ Il s'agit là d'une prise de cons_____ *rt des groupes linguistiques.*

— La leçon 3 introduit la voyelle [y] ; mais en opposition avec [i] et [u], déjà fixées. La progression est donc *cumulative*. La mise en place progressive du système vocalique se fait par étapes et l'élément nouveau est constamment opposé à un élément acquis. De ce fait, il est normal que l'opposition :

$$[ɥ] \neq [w] \text{ (lui} \neq \text{Louis) (leçon 4),}$$

intervienne immédiatement après la leçon sur l'opposition :

$$[yɪ] \neq [u].$$

Après cette première approche dans la dimension *horizontale*, les leçons 5 et 6 proposent un travail dans la dimension *verticale*, c'est-à-dire celle de l'*aperture*.

Et la même démarche comparative est reprise pour [o] fermé (beau) et [ɔ] ouvert (bord) (leçons 7 et 8) et [ø] fermé (peu), [œ] ouvert (peur) (leçons 9 et 10).

On remarquera que [ø] et [œ] ne sont introduits qu'après [e ≠ ɛ] et [o ≠ ɔ]. [ø] et [œ] sont, en effet, des voyelles délicates pour la plupart des groupes linguistiques, et elles sont plus facilement mises en place lorsque la prononciation de [o] ≠ [ɔ] d'une part et de [e] ≠ [ɛ] d'autre part, est correcte.

Le texte de chaque dialogue comporte une *transcription simplifiée* de l'*intonation*, limitée, comme il se doit, aux seuls *points d'information*, c'est-à-dire à ceux qui constituent les *pivots majeurs de l'énoncé*, tant sur le plan sémantique que sur le plan de la structuration prosodique et syntaxique.

Précisons enfin que nos dialogues ne constituent pas une méthode autonome, mais un «outil», qui complétera, en les renforçant dans une perspective nouvelle, les batteries d'exercices déjà proposées par nos collègues Monique LEON *(Exercices systématiques de prononciation française, Hachette/Larousse, 1968)* et Monique CALLAMAND *(L'intonation expressive, Hachette/Larousse, 1973)*.

Nos exercices peuvent également être utilisés comme compléments, dans la classe de conversation ou les cours audiovisuels.

Et ils peuvent très facilement s'adapter à *toutes les méthodes d'enseignement du français, langue étrangère*, dès que les étudiants auront dépassé le niveau des débutants. Leur intérêt majeur réside dans le fait que les dialogues que l'on trouve déjà dans les méthodes existantes *n'ont pas pour objet la maîtrise systématique* d'un aspect particulier du phonétisme français.

Le public que nous avons en vue est celui des étudiants qui ont déjà acquis une certaine maîtrise du vocabulaire et des structures grammaticales de notre langue, et qui sont souvent de « faux débutants ». De ce point de vue, le public visé est très vaste, puisqu'il recouvre également celui des étudiants qui ont reçu un enseignement de type traditionnel et pour lesquels la prononciation n'a pas fait l'objet de soins particuliers. En bref, nous dirons que nos exercices sont des exercices de perfectionnement des niveaux II et III, tels qu'ils sont généralement définis par la didactique audiovisuelle et audio-orale des langues vivantes.

Nous avons, par ailleurs, eu la preuve, surtout aux Etats-Unis, que cet ouvrage peut être utilisé avec succès par un large public autodidacte. Il est certain, par exemple, qu'un adulte non-débutant, soucieux de se recycler durant ses heures de loisir, pourra le faire sans difficulté, avec le maximum d'efficacité, en exploitant les documents sonores enregistrés sur nos mini-cassettes.

Compte tenu à la fois de leur niveau relativement élevé, de leur économie générale qui leur permet d'illustrer abondamment, selon une progression rigoureuse, tous les problèmes majeurs que pose encore la maîtrise spontanée des mécanismes fondamentaux de l'expression orale, compte tenu enfin du fait que, pour la première fois à notre connaissance, ils permettent à l'étudiant d'échapper à la mécanique monotone et souvent rebutante des exercices structuraux de type traditionnel pour se placer résolument en *situation*, dans le cadre d'une conversation parfaitement authentique, nos dialogues comblent une lacune évidente, et selon nous, extrêmement grave, de notre enseignement audio-oral du français parlé.

Il va sans dire que nous accueillerons avec gratitude toutes les critiques et les suggestions constructives que les usagers de cet instrument de travail nous feront l'amitié de nous communiquer.

Quelques suggestions pour l'exploitation pratique des dialogues

PRÉSENTATION EN CLASSE

Les élèves disposant du texte, il conviendra :

o d'insister d'abord sur la *prosodie* (rythme et intonation) en exploitant pleinement la transcription simplifiée qui figure au-dessus du texte. On peut également, à la manière d'un chef d'orchestre, dessiner d'un geste de la main *le mouvement rythmique et mélodique* lorsqu'on dirige des exercices *collectifs*.

A condition d'être rigoureusement synchronisés, les exercices de ce type sont souvent d'une efficacité remarquable.

On notera à cet égard :

a / que les syllabes non marquées sont toutes des syllabes *inaccentuées*, dont le niveau, généralement moyen, peut fluctuer sans dommage. C'est ainsi que dans :

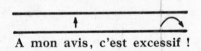

A mon avis, c'est excessif !

les trois premières syllabes de la phrase se situent à un niveau moyen (médium) en fonction duquel la hauteur de la voix peut varier légèrement sans affecter la limpidité et le naturel de l'énoncé ; les syllabes atones qui se situent entre le détachement vers l'aigu de la 2e syllabe de « avis » et le ton circonflexe (montant puis descendant) qui affecte la dernière syllabe de : « excessif » tombent, elles aussi, dans la zone du médium où elles peuvent être, sans risque, légèrement instables ;

b / que les séquences, presque toujours finales, signalées par un trait bas horizontal, sont toujours *statiques* et *graves*.

On notera par exemple que dans :

Mais je n'vais pas vite, Philippe.

après la chute sur « vite », la voix reste *grave* au niveau atteint à la fin de la chute et cesse de fluctuer.

o de mettre en lumière les faits de *coarticulation*, en insistant tout particulièrement sur les innombrables *contractions* qui caractérisent notre langue, surtout dans la conversation animée : « *je ne* » devenant, le plus souvent [zən] ; *je crois* [ʃkrwa] ; *il me l'a dit* [imladi] ; *il ne doit pas* [indwapa] ; *être beau* [ɛtbo] ; *où est-ce que* [wɛskə], etc., etc.

o de noter que ces batteries de micro-dialogues, dont on trouvera l'enregistrement complet sur mini-cassettes, peuvent donner lieu à une foule d'exercices variés et animés comme, par exemple :

a / la répétition collective, puis individuelle, réplique par réplique ;

b / le dialogue entre deux étudiants (éventuellement jugés par leurs camarades) ou entre deux groupes d'étudiants ;

c / le dialogue (individuel ou collectif) avec les personnages enregistrés ;

d / la mémorisation du dialogue qui donnera lieu à des *répétitions*, comme pour une scène de théâtre ; il sera ensuite joué devant le groupe.

Au cours de ces répétitions, on s'attachera tout particulièrement à mettre au point la *mimique expressive* (mouvements du visage et expression gestuelle) qui sont l'accompagnement naturel du « geste vocal » dont ils facilitent grandement la maîtrise.

Le magnétoscopage de ces répétitions en vue d'une ou plusieurs projections devant le groupe, en présence du professeur, peut donner lieu à des échanges de vue extrêmement motivants dont le rendement pédagogique est souvent remarquable.

La dictée *prosodique* sera faite par le professeur ou à partir de l'enregistrement. Il suffit, pour cela, de dicter tout d'abord le texte, puis de le reprendre pour demander aux étudiants de transcrire le *mouvement rythmique et intonatif* à l'aide des quelques symboles de notre transcription simplifiée.

Il va sans dire qu'en fonction du niveau... ou des suggestions du groupe et, naturellement, de sa propre inspiration, le professeur pourra imaginer et tester une foule d'autres exercices.

TRAVAIL AU LABORATOIRE ou entraînement (individuel ou collectif) avec un magnétophone à cassettes :

o Répétition, réplique par réplique, en utilisant les « blancs sonores » du texte éclaté. Chaque enregistrement « continu » sur nos mini-cassettes est, en effet, suivi d'un enregistrement dit « éclaté », dans lequel chaque réplique est suivie d'un silence qui en permet la répétition immédiate. La durée de ce silence est exactement d'une fois et demie celle de l'émission, ce qui permet une répétition confortable et détendue [1].

o Dialogue avec la voix « off », enregistrée. Pour ce type d'exercice, « le blanc sonore » est utilisé pour répondre à l'interlocuteur.

QUELQUES REMARQUES SUR LA TRANSCRIPTION DE L'INTONATION

Outre le fait, déjà signalé, que cette transcription ne porte que sur les seules syllabes accentuées, on notera :

o que la flèche vers le haut (n° 1) est *polyvalente* et peut aussi bien indiquer une *proéminence expressive*, comme dans :

---

1) On remarquera que, pour la première fois à notre connaissance, l'enregistrement continu des quatre premières leçons (quinze dialogues) est immédiatement suivi d'un enregistrement du schéma intonatif (à l'exclusion de tout support lexical).
Au cours de l'audition de tels schémas, les étudiants se sensibilisent au modelé intonatif (ruptures ou inflexions tonales, etc.) correspondant aux syllabes affectées d'un signe « tonal » dans le texte imprimé.

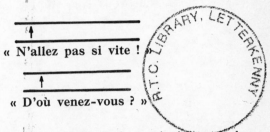

« Oui, oui : six rue de Rivoli. »

que le début d'une phrase interrogative ou impérative, comme dans :

« N'allez pas si vite ! »

« D'où venez-vous ? »

o que la petite montée (n° 2) signale la continuité entre deux groupes syntaxiques. Exemple :

« Moi, le dix-huit juillet, je serai en Suisse. »

o que la grande montée (n° 3) est caractéristique des phrases interrogatives non introduites par un mot interrogatif. Exemple :

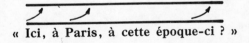

« Ici, à Paris, à cette époque-ci ? »

Notons que certaines phrases de ce type sont affectées d'une *double montée*. Exemple :

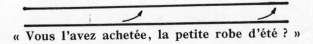

« Vous l'avez achetée, la petite robe d'été ? »

o Enfin, la flèche pointée vers le bas (n° 8) indique *un creusement dans le grave* qu'on observe généralement à l'attaque d'une phrase très expressive. Exemple :

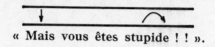

« Mais vous êtes stupide ! ! ».

Liste commentée des marques intonatives

1		Rupture tonale vers l'aigu.
2		Petite montée signalant la continuité.
3		Grande montée, caractéristique de l'interrogation.
4		Montée lente de l'hésitation (employée également à des fins stylistiques).
5		Chute lente manifestant une réprobation aimable, comme pour gronder affectueusement un enfant (cf. leçon 1, début du dialogue n° 4).
6		Petite chute signalant l'achèvement.

7	[_____]	Au-dessus d'un groupe rythmique, signale que ce groupe doit être prononcé uniformément sur une note basse.
8	[↓]	Indique un creusement vers le grave.
9	[⌢→]	Intonation circonflexe à valeur expressive (exclamation, ironie, surprise, etc.).

Leçon 1 / [i] : " ici"

RAPPEL

C'est la voyelle antérieure la plus fermée et la plus tendue de tout le système vocalique du français [1] :
— langue massée vers l'avant et fermement relevée vers l'avant du palais ;
— l'étirement latéral des lèvres est poussé au maximum.

DIALOGUE N° 1

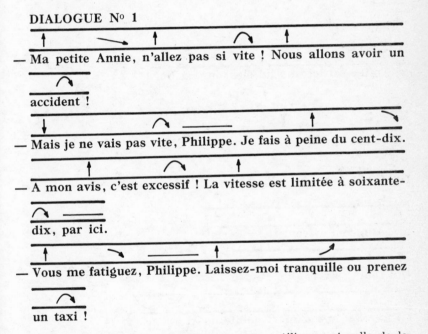

— Ma petite Annie, n'allez pas si vite ! Nous allons avoir un accident !

— Mais je ne vais pas vite, Philippe. Je fais à peine du cent-dix.

— A mon avis, c'est excessif ! La vitesse est limitée à soixante-dix, par ici.

— Vous me fatiguez, Philippe. Laissez-moi tranquille ou prenez un taxi !

[1] La représentation graphique que nous utilisons est celle de la réalisation phonique normative que nous voulons fixer dans la mémoire des étudiants. D'où la présentation entre crochets.

DIALOGUE Nº 2

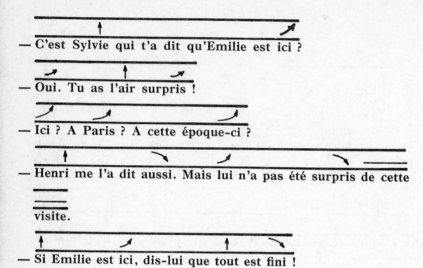

— C'est Sylvie qui t'a dit qu'Emilie est ici ?

— Oui. Tu as l'air surpris !

— Ici ? A Paris ? A cette époque-ci ?

— Henri me l'a dit aussi. Mais lui n'a pas été surpris de cette

visite.

— Si Emilie est ici, dis-lui que tout est fini !

DIALOGUE Nº 3

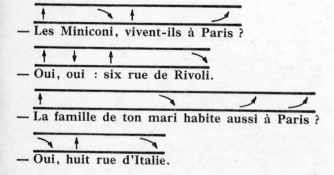

— Les Miniconi, vivent-ils à Paris ?

— Oui, oui : six rue de Rivoli.

— La famille de ton mari habite aussi à Paris ?

— Oui, huit rue d'Italie.

14

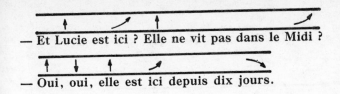

— Et Lucie est ici ? Elle ne vit pas dans le Midi ?

— Oui, oui, elle est ici depuis dix jours.

DIALOGUE Nº 4 (mots terminés en « re » et en « ir »)

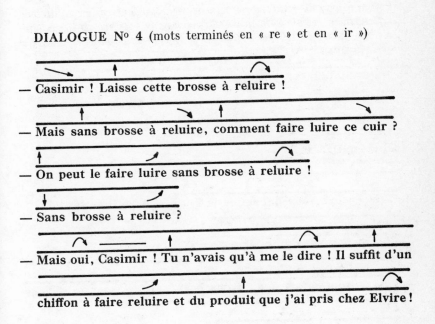

— Casimir ! Laisse cette brosse à reluire !

— Mais sans brosse à reluire, comment faire luire ce cuir ?

— On peut le faire luire sans brosse à reluire !

— Sans brosse à reluire ?

— Mais oui, Casimir ! Tu n'avais qu'à me le dire ! Il suffit d'un

chiffon à faire reluire et du produit que j'ai pris chez Elvire !

Leçon 2 / [u] : " fou"

RAPPEL

C'est une voyelle postérieure, fermée : langue massée vers l'arrière et fermement relevée vers le voile du palais. Contrairement à ce qui se passe pour [i], les lèvres sont arrondies au maximum et projetées vers l'avant.

DIALOGUE N° 5

— C'est encore vous qui faites le fou ?

— Pourquoi ? Vous êtes jaloux ?

— Pas du tout, mais nous avons beaucoup de travail, et vous faites un bruit épouvantable !

— Vous ne voulez tout de même pas que j'aille jouer dans la boue !

DIALOGUE N° 6

— Ouvrez-nous ! Ouvrez-nous !

— D'où venez-vous ?

— Nous ne voulons pas vous le dire !

— Tant pis pour vous ! Nous ne vous ouvrirons pas !

— Vous êtes fous !

— Fous ou pas fous, nous ne vous ouvrirons que si vous nous dites d'où vous venez !

— Ça vous amuse ce dialogue de sourds ?

DIALOGUE N° 7 (opposition [i] — [u])

— Que vous a dit Louis ?

— Ce qu'il nous a dit ? Je vous le dis, entre nous ; mais vous ne le direz pas à son ami de Saint-Cloud.

17

— Qui appelez-vous son ami de Saint-Cloud ?

— Emile Reboul !

— Vous êtes fous de dire qu'Emile Reboul est l'ami de Louis !

DIALOGUE N° 8 ([u], suivi de [l] ou [r])

— Cette foule qui s'écoule, ça me fait perdre la boule.

— C'est pas le jour de perdre la boule ; avec toutes les courses

qui nous restent à faire...

— Aussi, on n'a pas idée de faire les courses pour tout le monde !

Leçon 3 / [i-y-u] : " vie ", " vue ", " vous "

RAPPEL

[y] *est une voyelle* antérieure, *comme* [i] *et* labialisée, *comme* [u] :
— *langue massée vers l'avant et fermement relevée vers le palais ;*
— *lèvres arrondies et projetées vers l'avant.*

DIALOGUE N⁰ 9

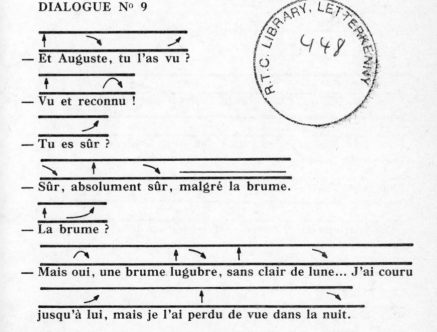

— Et Auguste, tu l'as vu ?

— Vu et reconnu !

— Tu es sûr ?

— Sûr, absolument sûr, malgré la brume.

— La brume ?

— Mais oui, une brume lugubre, sans clair de lune... J'ai couru

jusqu'à lui, mais je l'ai perdu de vue dans la nuit.

DIALOGUE Nº 10 (mots terminés en « ur »)

— Tu es sûr qu'il restera aussi dur, quand je lui aurai parlé ?

— J'en suis sûr. C'est un pur, et il est aussi dur que ce mur.

— Il est peut-être dur, mais moi j'aime les purs, surtout quand

ils ont cette allure !

DIALOGUE Nº 11 (opposition [i] — [y])

— C'est Patrick qui a vu que le mur est humide ?

— C'est bien lui qui l'a vu, mais têtu comme il est, il n'a sûre-

ment rien dit à Julie.

— Je le pense aussi. D'abord, parce qu'il est têtu — Mais aussi

parce que la nuit, ce mur gris, humide et nu, est si lugubre

qu'il donnerait le vertige à Julie.

20

— Le vertige pour un mur humide ? Tu es mûr pour l'hôpital psychiatrique, mon pauvre ami !

DIALOGUE N⁰ 12 (opposition [y] — [u])

— Tu as vu la voiture des Sibourg, après leur accident sur la route de Tours ?

— Nous n'avons pas vu la voiture des Sibourg, mais nous avons vu celle des deux filles russes qui les suivaient.

— Jules nous a dit que les deux roues de la voiture ont basculé par-dessus le mur.

— D'après ce que nous avons vu, la voiture des deux russes a aussi fait une chute, et l'une des deux — la rousse, je crois — a une double fracture du fémur.

— Quant aux Sibourg, nous sommes sûrs que leur voiture est

fichue, mais eux s'en tirent avec quelques égratignures. On

peut dire qu'ils ont eu de la chance !

DIALOGUE N° 13 (opposition [i] - [y] - [u])

— D'où venez-vous ?

— Nous venons tous du cours de littérature russe.

— Ça vous a plu ?

— Beaucoup ! Mais c'est un cours difficile !

— Difficile ? Mais vous êtes stupides ! J'ai toujours entendu

dire que ce cours était très facile.

— C'est vous qui le dites !

Leçon 4 / [ɥ] - [w] : "lui", "Louis"

RAPPEL

[ɥ] — *La réalisation de* [ɥ] *est celle de* [y] *devant* voyelle, *à l'intérieur d'une syllabe (Ex. : Lucie* lui *a parlé).*

DIALOGUE N° 14

— Louis et Louise sont partis tout de suite.

— Je ne pensais pas que Louise puisse partir avec lui avant

huit jours !

— Avant huit jours ? Le dix-huit juillet, alors ?

— Oui, le dix-huit juillet.

— Moi, le dix-huit juillet, je serai en Suisse.

— On pêche la truite en Suisse ?

— Je pense que oui !

— Alors, je te suis.

DIALOGUE Nº 15

— Depuis qu'il s'est enfui, je n'ai plus aucune nouvelle de lui.

— Tu as dit qu'il s'était enfui ou qu'il s'était enfoui ?

— Non, j'ai bien dit qu'il s'était enfui. Et la pauvre Louise, qui

ne peut vivre sans lui, passe ses nuits à pleurer.

— Je suis persuadé qu'il s'ennuie aussi, et qu'il reviendra vite

chez lui.

Leçon 5 / [e] : " été"

[e] *est une voyelle fermée comme* [i]. *Mais elle est moins fermée et moins tendue que cette dernière.*

DIALOGUE N° 16

— Vous l'avez achetée, la petite robe d'été ?

— Je l'ai bien achetée, mais on me l'a volée.

— Comment ? On vous a volé votre robe d'été ? Que s'est-il

passé ?

— Je suis allée me baigner avec André. J'ai laissé ma robe sur

les rochers. Et quand nous sommes revenus nous sécher, il

n'y avait plus de robe d'été.

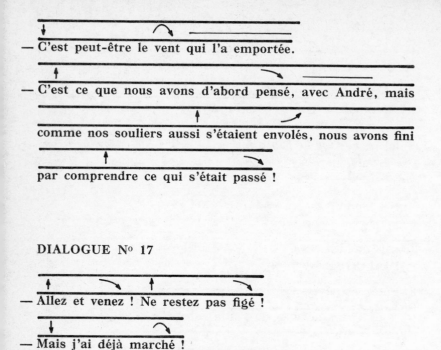

— C'est peut-être le vent qui l'a emportée.

— C'est ce que nous avons d'abord pensé, avec André, mais

comme nos souliers aussi s'étaient envolés, nous avons fini

par comprendre ce qui s'était passé !

DIALOGUE N⁰ 17

— Allez et venez ! Ne restez pas figé !

— Mais j'ai déjà marché !

— Marché ! Mais il faut sauter et danser !

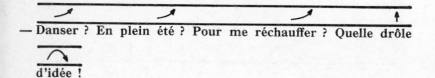

— Danser ? En plein été ? Pour me réchauffer ? Quelle drôle

d'idée !

26

DIALOGUE N° 18

— Allez acheter des navets chez Rey, de l'autre côté du marché...

pressez-vous, mais traversez au passage clouté !

— Des navets chez Rey ? Si vous y tenez — mais les navets de

Rey ne valent pas ceux du marché.

— Je sais que les navets de Rey ne valent pas ceux du marché.

— Et l'été, les navets du marché sont meilleur marché que les

navets de Rey.

— Allez où vous voulez, mais revenez pour dîner.

Leçon 6 / [ɛ] : " père "

RAPPEL

[ɛ], *dit quelquefois* [ɛ] « *ouvert* », *par opposition à* [e] *fermé, est également* antérieur *et* non arrondi.

DIALOGUE N° 19

— Quelle tête pour un jour de fête !

— Pour Germaine, l'anniversaire d'Annette n'est pas une fête !

— C'est bête que Germaine n'aime pas Annette !

— Elle n'aime pas Annette, parce que quand elle vient chez
elle, elle reste des semaines entières. Et ça embête Germaine.

— Que fait-elle chez elle des semaines entières ?

— Elle aide Berthe, la cuisinière de Germaine. Mais Germaine n'aime pas la cuisine d'Annette.

— Germaine a bien un frère ?

— Oui, son frère Ernest.

— Et il vit avec elle ?

— Je ne crois pas, mais je sais qu'il vient souvent chez Germaine.

— Tu ne penses pas que c'est Ernest qui attire Annette chez

Germaine ?

DIALOGUE N° 20

— Il faut mettre ta veste verte.

— Ma veste en laine ? Mais elle n'est pas prête !

— Elle était prête la semaine dernière. Germaine l'a toute refaite !

— Je n'aime pas cette veste verte. Pierre la déteste !

29

DIALOGUE N° 21 (alternance [e] — [ɛ])

— Yvette, apportez les serviettes. Qu'est-ce que vous faites ?

Ecoutez-moi !

— Où sont-elles ?

— Elles sont à côté de vous !

— Je ne pourrai pas les attraper !

— Montez sur la chaise, voyons !

DIALOGUE N° 22 (alternance [e] — [ɛ])

— Vous prendrez du café, pour votre déjeuner ?

— Avec plaisir, s'il n'est pas très fort.

— Il est assez léger, vous savez...

— Merci, j'en prendrais volontiers avec un peu de lait.

— Et pour le repas de midi, qu'est-ce que vous boirez ?

— J'aimerais prendre de la bière.

— Cette bière légère que Pierre est allé acheter avec le frère de

René ?

— Oui, celle que Pierre a achetée hier, près du café de la Seine.

C'est celle que je préfère.

DIALOGUE N° 23 (mots terminés en [ɛr])

— Tu sais si Pierre reviendra d'Orcière avec son frère ?

— Je ne pense pas que le frère de Pierre soit à Orcière. Je l'ai

vu hier, ou avant-hier, à Marseille sur la Canebière.

— S'il était sur la Canebière, il est clair qu'il ne peut pas être

à Orcière !

— Il n'a d'ailleurs rien à y faire !

31

Leçon 7 / [o] : " beau "

[o], *dit « fermé », par rapport à* [ɔ] *ouvert (porte) (cf. Leçon 8) est postérieur, fermé et labialisé :*
— langue massée très en arrière et relevée vers le voile du palais (moins que pour [u] *et plus que pour* [ɔ]*) ;*
— lèvres arrondies et projetées vers l'avant (moins que pour [u] *et plus que pour* [ɔ]*).*

DIALOGUE Nº 24

— Oh ! Ce qu'il fait chaud !

— Chaud ? Tu as chaud ? Même dans l'eau ?

— C'est que l'eau est chaude, elle aussi !

— Il te faut venir plus tôt, avec Jérôme.

— Oui, mais Jérôme est comme Claude. Il arrive tôt, quand

il ne fait pas chaud, et quand il fait chaud, c'est moi qui arrive

plus tôt, même en faisant une pause en haut de la côte.

— Quel drôle de chapeau !

— C'est le chapeau de Jeannot !

— Jeannot ? Mais Jeannot n'a pas de chapeau !

— Jeannot ? Pas de chapeau ? Il a tout un lot de chapeaux !

— Pauvre Jeannot, ce qu'il est gros ! Il ne doit pas être beau avec

un chapeau !

— Il est gros ! Il est jaune ! Il est comme Claude : il mange

trop de gâteaux ! Bientôt, il sera comme un tonneau ! Mais

moi, j'en ai plein le dos de lui dire toujours la même chose :

« Tu es trop gros, tu manges trop de gâteaux ! Quand tu

mangeais moins de gâteaux, tu étais plus rose ! »

— En somme, avec Jeannot, ça n'est pas la vie de château !

Leçon 8 / [ɔ] : "porte"

RAPPEL

[ɔ] *dit « ouvert » est postérieur, ouvert et liabilisé.*
— *arrière de la langue nettement moins relevé que pour* [o] *;*
— *lèvres moins arrondies et moins projetées.*

DIALOGUE N° 26

— Paul, sonne la bonne.

— Je sonne et je resonne, mais la bonne est sortie.

— Sortie par quelle porte. La grande porte est encore fermée.

— Tu sais bien que la bonne sort toujours par la porte qui donne

sous la tonnelle.

— Je croyais que personne ne sortait par cette porte.

— Personne, en effet, excepté la bonne. Et je trouve qu'on a tort.

Cette porte est commode et elle donne sur le port.

— Oui, mais tu sais, le port, c'est assez monotone.

DIALOGUE N° 27

— J'aime bien cette vallée de la Dordogne. Je la trouve moins

monotone que la Sologne.

— Monotone la Sologne ? Demande à Paul ou à Victor. Ils adorent

la Sologne.

— Je n'ai rien contre la Sologne, mais quand je remonte la

Dordogne avec mon hors-bord, ça me transporte.

— Bien sûr que ça te transporte ! un hors-bord, c'est fait pour

le transport !

— Ah, c'est fort ! Moi, je te dirai qu'un hors-bord n'est pas fait

pour le transport, mais tout simplement pour le sport, quand on aime les émotions fortes.

— Tu ne trouves pas que cette discussion sur la Dordogne, la
Sologne et les transports en hors-bord est un peu idiote ?

DIALOGUE N° 28 (alternance [o] — [ɔ])

— C'est rigolo cette eau glauque qui dort près de la geôle du
château.

— L'eau qui dort, le château-fort, les volets clos, la geôle... Tu
trouves ça rigolo ? Moi, je rêve de fantômes qui rôdent et
qui sortent en claquant les portes... Je rêve au vent du Nord
qui mord comme un bouledogue... Je rêve de corps qui flottent
au bout d'une corde...

— Mon pauvre Paul, tu supportes bien mal l'énorme bol de

haricots en sauce qu'Isidore t'a fait avaler ! Ça te donne des

cauchemars !

— Tu n'as pas de cauchemars, toi ? Tu es vraiment très fort !

Comme Isidore, d'ailleurs, qui dort encore, étendu comme

un mort.

— Mais, ma parole, on t'a jeté un sort ! Tu ne parles que de

mort, de fantômes, de vent qui rôde, de bouledogue qui

mord...

— Mais non, dans mon cauchemar, c'est le vent qui mord, pas

le bouledogue !

— Ecoute, Paul, promets-moi de boire un peu moins de porto,

quand Pierrot et Isidore nous emmèneront encore au château

de nos amis corses !

Leçon 9 / [ø] : "feu"

[ø] dit « fermé » est antérieur, fermé et liabilisé : — avant de la langue moins relevé que pour [y] et plus relevé que pour [œ] dit « ouvert » (Ex. : « peur » — Leçon 10).
L'arrondissement et la projection des lèvres sont moins marqués que pour [y] et plus marqués que pour [œ] ouvert.

DIALOGUE No 29

— Je veux faire du feu avec eux.

— Du feu ? Tu veux faire du feu ? C'est sérieux ?

— Bien sûr, un peu par jeu, pour le plaisir des yeux et un peu

parce que je suis frileux.

— Oui, mais du feu près de ces meules, c'est dangereux !

— Je peux faire du feu où tu veux ! Dangereux... Dangereux...

c'est fou ce que tu es peureux !

— Si je suis peureux, toi tu es frileux ! Ça ne vaut guère mieux !

— Tiens, voilà qu'il pleut ! Il vaut mieux que nous quittions ces

meules tous les deux, mon vieux. Nous n'avons décidément

rien des valeureux preux moyenâgeux !

DIALOGUE N° 30

— Je peux partir avec eux ?

— Si tu veux, mais attends un peu ! D'ailleurs ils retournent

chez eux !

— Attends un peu... Attends un peu... Qu'est-ce que ça veut dire ?

Deux minutes ? Deux heures ? Deux jours ? Tu sais que je

les vois très peu et que le neveu de Romieux est déjà chez eux.

— Le neveu de Romieux fait ce qu'il veut !

— Il est heureux, le neveu de Romieux.

— Ecoute un peu ! Tu ne vas pas me faire croire que tu es mal-

heureux !

Leçon 10 / [œ] : " peur"

RAPPEL

[œ], dit « ouvert » (Ex. : peur) est antérieur, ouvert et labialisé :
— avant de la langue nettement moins relevé que pour [ø] fermé
ou pour [ɛ] ouvert ;
— veiller à ce que l'aperture (distance entre la langue et le palais)
soit nettement plus grande que pour [ɛ] ;
— arrondissement et projection des lèvres moins marquées que pour
[ø] fermé.

DIALOGUE Nº 31

— Docteur, j'ai peur pour leur jeune sœur !

— Peur pour leur sœur ? A la fleur de l'âge ?

— On meurt jeune, docteur, avec ce cœur-là !

— Depuis qu'elle est veuve, j'avoue que j'ai un peu peur, moi aussi.

— Heureusement que sa belle-sœur ne la laisse jamais seule.

Elle sait qu'elle pleure, quand elle est seule.

— Et n'importe quel docteur vous dira que c'est mauvais pour

son cœur, surtout quand ça dure des heures et des heures.

DIALOGUE N° 32 (alternance [ø] — [œ])

— Ce nouveau roman fait un peu fleur bleue !

— Fleur bleue ? Je veux que tu me dises pourquoi tu trouves

qu'il fait fleur bleue.

— Tu veux la preuve qu'il fait fleur bleue ? Je n'ai pas de preuve,

seulement je souris un peu des petits bouquets de fleurs,

bleues ou pas bleues, que le jeune professeur cueille pour sa

belle-sœur.

— Sa jeune belle-sœur, qui meurt peu à peu de langueur, au

creux de son fauteuil... Et qu'il aime mieux qu'une sœur...

— Tu vois que ça fait fleur bleue !

— Bien sûr que ça fait fleur bleue. Je dirais même que ça fait

vieux jeu.

— De mieux en mieux : fleur bleue ! vieux jeu ! Ce n'est pas

flatteur pour l'auteur !

DIALOGUE N° 33 (mots terminés en [œr])

— Je n'aime pas les fleurs.

— Tu n'aimes pas les fleurs ?

— Non, ça me fait peur.

— Peur des fleurs ?

— Oui, parce qu'il y a toujours des fleurs quand on meurt. Ça

me fait mal au cœur !

— C'est toi qui me fait peur. Tu ferais mieux de voir le docteur !

Leçon 11 : [ɛ̃] : " américain " : [ɛ + n] : " américaine "

RAPPEL

[ɛ̃] est une voyelle nasale (voile du palais abaissé), non arrondie.
Pour mieux situer sa réalisation, on peut s'entraîner à passer rapidement, et plusieurs fois de suite de [ɛ] (paix) à [ɛ̃] (pain) et vice versa : Exemples : paix-pain ; lait-lin ; faix-fin ; etc.

— Opposition : [ɛ̃] — [ɛ] + [n] : il importe d'opposer clairement la nasale [ɛ̃] (américain, musicien) à la séquence [ɛ] + [n] (américaine, musicienne). Beaucoup d'étrangers ont tendance, dans ce dernier cas, à nasaliser la voyelle [ɛ] et à prononcer nos deux derniers exemples « amerikɛ̃n », « myzisjɛ̃n ». Cette faute est d'autant plus sérieuse qu'elle entraîne une quasi-confusion entre « américain » et « américaine », « musicien » et « musicienne ».
On la corrigera rapidement grâce aux dialogues n⁰ˢ 35 et 36.

DIALOGUE N⁰ 34

— Tu viens, Vincent ?

— Et Sylvain, il vient ce matin ?

— Sylvain ? C'est incertain... Tiens, tiens, tu t'intéresses à ton

cousin Sylvain ?

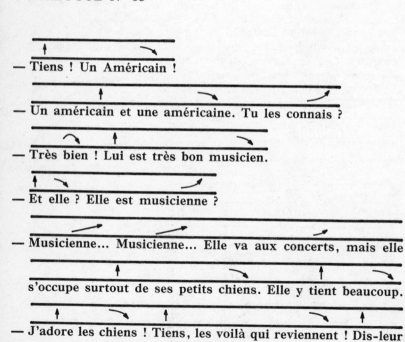

— De moins en moins !

— Comment ? Tu n'étais pas bien, avec Sylvain, jusqu'en juin ?

DIALOGUE No 35

— Tiens ! Un Américain !

— Un américain et une américaine. Tu les connais ?

— Très bien ! Lui est très bon musicien.

— Et elle ? Elle est musicienne ?

— Musicienne... Musicienne... Elle va aux concerts, mais elle

s'occupe surtout de ses petits chiens. Elle y tient beaucoup.

— J'adore les chiens ! Tiens, les voilà qui reviennent ! Dis-leur

qu'ils viennent nous voir avec Vincent.

— Deux étudiantes américaines et deux étudiants américains
reviennent de Vienne.

— Par quel moyen ?

— Par le train qui part de Vienne le matin.

— Le transalpin qui vient de Vienne à près de cent vingt de
moyenne ?

— Tiens, tiens : tu viens aussi de Vienne ?

— Je viens bien de Vienne, mais à moins de quatre-vingt de
moyenne. Ma voiture ne tient pas le cent vingt.

— La mienne le tient, bien qu'elle soit ancienne.

Leçon 12 : [ã] : "chant"

RAPPEL

[ã] est une nasale postérieure, non arrondie et très ouverte. Noter cependant la tendance actuelle à l'arrondissement. D'où confusion fréquente avec [ɔ̃] (« oncle ») ; « pan » se rapprochant par exemple de « pont » dans la prononciation parisienne.

DIALOGUE Nº 37

— Maman, tu entends ce chant d'enfants, apporté par le vent ?

— Vous savez, mes enfants, que j'entends très mal en ce moment.

— Allons, tu entends autant qu'en décembre !

— Autant qu'en décembre, mais pas autant qu'en novembre.

— Tante Antoinette a moins de chance que toi. Elle n'entend plus les enfants de Jean, même lorsqu'ils sont bruyants !

— Tante Antoinette a bien de la chance !

48

DIALOGUE N° 38

— En panne d'essence ? Ça me surprend, de la part de Jean.

Surtout qu'il était avec Anne, et je sais qu'Anne est pré-voyante.

— Ce n'est pas exactement d'une panne d'essence qu'Anne m'a parlé.

— Mais enfin, Jeanne, cette panne d'essence est une panne d'essence ? ou pas une panne d'essence ?

— Ils ont encore de l'essence, mais le tuyau a été endommagé, dans la descente, par le dos d'âne, à l'entrée du village.

— C'est un scandale ! il y a plus d'un an que nous avons signalé que ce dos d'âne était dangereux !

Leçon 13 / [ɔ̃] : "pont"

RAPPEL

[ɔ̃] *est une voyelle nasale postérieure, ouverte et arrondie. Noter qu'elle est plus ouverte que* [ɔ] *ouvert, oral, de « porte ».*

DIALOGUE Nº 39

— Tu connais la chanson « Sur le pont d'Avignon » ?

— « Sur le pont d'Avignon » ? Mais oui, mon oncle ! C'est une jolie chanson !

— On chantait souvent cette chanson, dans mon jeune temps.

C'était le bon temps ! Tiens, je vais te la chanter, fiston.

— C'était peut-être le bon temps, mais toi, tu n'es certainement pas dans le bon ton !

DIALOGUE N° 40

— Demandons à oncle John qu'il nous donne une bonbonne de son bon vin de Mâcon.

— Qu'il nous donne une bonbonne de vin de Mâcon, je n'y compte pas. Pas plus que Simone et Simon.

— Simon et Simone n'ont pas besoin du vin d'oncle John ! Ils en ont dix ou onze bonbonnes !

— Oui, mais oncle John en a des tonnes ! Seulement... si on compte sur oncle John...

— Tu dis ça sur un ton !

— C'est mon ton qui t'étonne ?

— Oui, je trouve que ton ton détonne tout de même un peu.

Tu n'es pas très gentil pour oncle John. Et il a été si bon pour toi, pendant ton enfance.

DIALOGUE N° 41

— Attendons un instant : mon oncle Jean vient de s'absenter.

— Un instant seulement ? C'est sans importance ! Nous atten-

drons bien volontiers.

— On est bien dans ce petit coin du Salon de l'Enfance !

— On serait moins bien dans le salon de tante Antoinette !

— Naturellement : heureusement qu'oncle Jean songe à pro-

longer ses vacances chez ses enfants jusqu'à dimanche pro-

chain.

Leçon 14 | régularité rythmique

RAPPEL

Le défilement des syllabes atones (inaccentuées) est beaucoup plus régulier dans notre langue que dans la plupart des langues étrangères. La réalisation de notre [a] antérieur ne posant aucun problème majeur pour les étrangers, c'est lui que nous avons choisi comme support des deux dialogues qui suivent.

DIALOGUE N° 42

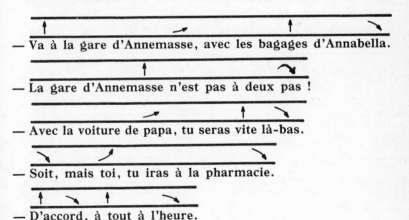

— Va à la gare d'Annemasse, avec les bagages d'Annabella.

— La gare d'Annemasse n'est pas à deux pas !

— Avec la voiture de papa, tu seras vite là-bas.

— Soit, mais toi, tu iras à la pharmacie.

— D'accord, à tout à l'heure.

— C'est en mars que Casanova part pour Malaga avec toi ?

— Malaga... Malaga... Ça dépendra.

— Ça dépendra de quoi ?

— De l'argent qu'on aura à ce moment-là.

— Casanova en gagnera pas mal, là-bas, avec Anna. Et toi ?

tu n'en rapporteras pas de Panama ?

— A Panama, on n'en gagnera pas, on en dépensera.

Leçon 15 / chute et maintien du [ə] "latent"

RAPPEL

Cette voyelle, dite [ə] « latent », pose de nombreux problèmes du fait que sa réalisation peut être : obligatoire (par exemple dans la première syllabe de : premier), facultative (comme dans le premier mot de : « Que voulez-vous ? ») ou interdite (comme dans la deuxième syllabe écrite de : sam(e)di).

On trouvera les règles qui commandent le maintien ou la chute de [ə] latent dans les manuels spécialisés.

Les dialogues nos 46 à 48 illustrent les plus importantes de ces règles. On devra veiller à ne pas prononcer les voyelles entre parenthèses.

DIALOGUE No 44

— C'est sam(e)di, dans l(e) train, qu(e) j'ai perdu l(e) trousseau

d(e) clefs d(e) la maison.

— Tu l(e) trouveras sûrement dans l(e) bureau d(e) la gar(e).

— Oui, mais l(e) dimanche, le bureau d(e) la gar(e) de l'Est

ne s(e)ra pas ouvert.

— Prends c(e) passe-partout. C(e) n'est pas si commod(e), mais ça t(e) dépann(e)ra.

DIALOGUE Nº 45

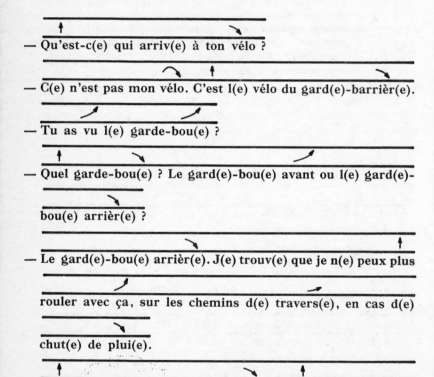

— Qu'est-c(e) qui arriv(e) à ton vélo ?

— C(e) n'est pas mon vélo. C'est l(e) vélo du gard(e)-barrièr(e).

— Tu as vu l(e) garde-bou(e) ?

— Quel garde-bou(e) ? Le gard(e)-bou(e) avant ou l(e) gard(e)-bou(e) arrièr(e) ?

— Le gard(e)-bou(e) arrièr(e). J(e) trouv(e) que je n(e) peux plus rouler avec ça, sur les chemins d(e) travers(e), en cas d(e) chut(e) de plui(e).

— Qu'est-c(e) que tu veux que j(e) te dis(e) ? Achèt(e) au gard(e)-barrièr(e) un autr(e) garde-bou(e) !

DIALOGUE No 46

— Tiens ! L(e) téléphon(e) qui r(e)sonn(e). Donn(e). J(e) vais

voir c(e) que c'est. Allo... Bonjour, Simon(e). Qu'est-c(e)

que tu m(e) racont(es) ! En pann(e) d'essenc(e) ? Rue Riche-

lieu ?... Ah ! En fac(e) de Rich(e)lieu-Drouot ? Alors, prends

l(e) métro !... Comment ? Tu rest(es) sur plac(e) ?

— J(e) suis bien obligée d(e) rester sur plac(e) ! On m(e) dit

qu(e) si j(e) n'attends pas l(e) dépanneur, on enlèv(e) la

voitur(e).

— Autrement dit, c'est la fourrièr(e) !

— Il en est fort(e)ment question.

— C'est bien c(e) que j(e) pensais !

Leçon 16 / les occlusives [p-t-k] : "papa," "tante", "quelconque"

RAPPEL

Les trois consonnes occlusives : [p] — [t] et [k] sont sourdes (pas d'émission de voix) ; [p] est bi-labial, [t] alvéo-dental et [k], assez instable, est palato-vélaire.

On veillera surtout à ne pas faire suivre ces consonnes — tout particulièrement [p] et [t] — d'un bruit de souffle parasite qui révèle immédiatement un étranger. Ce serait, par exemple, le cas pour les anglo-saxons.

DIALOGUE N° 47

— Papa, prends du paprika.

— Du paprika ? Avec plaisir.

— Paul, tu en prends un peu ?

— Un peu, après papa. Depuis mon passage à Budapest, je ne peux plus m'en passer.

— Ne te précipite pas sur le paprika ! C'est préparé avec du piment, et ça pique le palais !

DIALOGUE Nº 48

— Pauvre papa ! Il a perdu son passeport et son passe-partout !

— Papa n'a pas pu perdre son passe-partout !

— Pierre l'a placé près de la petite boîte de pastilles, sur le

papier que j'ai rapporté de la papeterie.

— Je ne vois ni passeport, ni pastilles, ni papier !

— Tu es myope comme une taupe, mon pauvre Paul, ça n'est

pas étonnant !

DIALOGUE Nº 49

— Tape tant que tu pourras !

— Je tape et je retape, mais tante Antoinette n'entend pas !

— Je téléphonerai.

— Tante Antoinette ! Tante Antoinette ! Tu entends ?

— J'entends, j'entends. Mais attends un instant ! Tu rentres

trop tôt !

DIALOGUE Nº 50

— Tu t'entêtes inutilement !

— Je m'entête, je m'entête... Têtu comme tu es, tu t'entêterais

tout autant ! Cette voiture s'arrête tout le temps. C'est embê-

tant !

— Tu es terrible, mon vieux ! Essaie de te calmer un peu ! Ce

n'est tout de même pas un drame si tu arrives en retard à

ton rendez-vous !

Leçon 17 / les fricatives [s-z-ʃ-ʒ] : "sa", "zut", "chat", "jeune"

RAPPEL

Pour les consonnes fricatives (dites aussi constrictives) [s], [z], [ʃ] et [ʒ], l'air n'est pas bloqué, puis libéré sèchement à la fin de la syllabe, comme pour les occlusives, mais simplement « freiné ».
D'où le bruit de friction produit par leur émission.
Ces consonnes posent aux étrangers des problèmes variés (réalisation, distribution, etc.). C'est pourquoi il conviendra de ne pas les négliger.

DIALOGUE N° 51

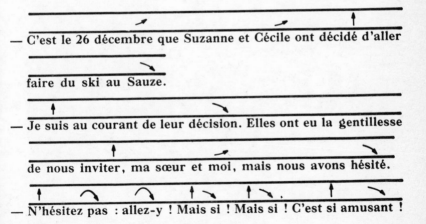

— C'est le 26 décembre que Suzanne et Cécile ont décidé d'aller faire du ski au Sauze.

— Je suis au courant de leur décision. Elles ont eu la gentillesse de nous inviter, ma sœur et moi, mais nous avons hésité.

— N'hésitez pas : allez-y ! Mais si ! Mais si ! C'est si amusant !

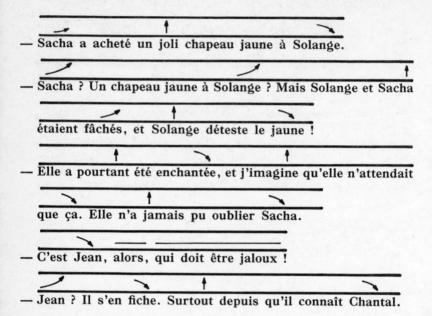

— Sacha a acheté un joli chapeau jaune à Solange.

— Sacha ? Un chapeau jaune à Solange ? Mais Solange et Sacha

étaient fâchés, et Solange déteste le jaune !

— Elle a pourtant été enchantée, et j'imagine qu'elle n'attendait

que ça. Elle n'a jamais pu oublier Sacha.

— C'est Jean, alors, qui doit être jaloux !

— Jean ? Il s'en fiche. Surtout depuis qu'il connaît Chantal.

Leçon 18 / [j] intervocalique et final : "payer", "paye"

RAPPEL

Il convient surtout de rappeler que, lorsqu'une syllabe terminée par [i] est suivie d'une syllabe commençant par une voyelle (Ex. : «triangle»), [j] est toujours inséré entre les deux voyelles («tri[j]ãgl»). De nombreux étrangers, parmi lesquels les britanniques et les américains, ont tendance à escamoter ce [j] et à prononcer : [triãgl], ce qui signale immédiatement une prononciation étrangère.

DIALOGUE Nº 53

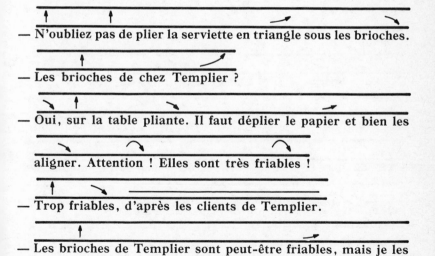

— N'oubliez pas de plier la serviette en triangle sous les brioches.

— Les brioches de chez Templier ?

— Oui, sur la table pliante. Il faut déplier le papier et bien les

aligner. Attention ! Elles sont très friables !

— Trop friables, d'après les clients de Templier.

— Les brioches de Templier sont peut-être friables, mais je les trouve inoubliables !

— Inoubliables ? Quel enthousiasme pour des brioches ! Tu vas

multiplier les clients de Templier !

— Et lui, pourra multiplier ses brioches.

DIALOGUE N° 54

— Tu as vu que Camille et sa fille sont sous la treille, près des

abeilles ?

— Près des abeilles ? Il y a des abeilles sous la treille ?

— Pas sous la treille, mais entre la treille et la meule de paille.

— C'est dangereux des abeilles, à deux pas d'une meule de

paille... et à deux pas du seuil de la ferme.

— Bien sûr que c'est dangereux. Camille devrait avoir l'œil !

Leçon 19 / [l] "lire", "filtre", "belle"

RAPPEL

[l] *est une consonne alvéolaire, latérale :*
— pointe de la langue au contact des alvéoles (en arrière des incisives supérieures) ;
— fuite de l'air par les côtés de la langue.

On notera surtout que le français ne dispose que d'un seul type de latérale, alors que les anglo-saxons, par exemple, utilisent un [l] *vélaire (sans contact alvéolaire et avec relèvement de l'arrière de la langue devant consonne (Ex. : « field ») ou en position finale (Ex. : « bell »)).*
Cet [l], *dit quelquefois :* [l] *creusé à cause de la position de la langue, est très différent de la latérale alvéolaire. Il fait à l'oreille une impression très voisine de celle que produirait une voyelle située entre* [u] *: « vous » et* [o] *: « veau ».*
Or ce type de consonne ne se rencontre jamais dans notre langue. D'où la gravité de la faute.
On en prendra plus clairement conscience en comparant les prononciations française et anglaise (par exemple) de mots comme : filtre, film, kilt, colt, calme, quelque — quel, belle, Adèle, bal, Paul, matinal, général, animal, etc...

DIALOGUE N⁰ 57

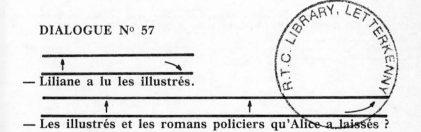

— Liliane a lu les illustrés.

— Les illustrés et les romans policiers qu'Alice a laissés ?

— Alice les a laissés à l'insu d'Elise qui voulait les lire, elle

aussi, en allant à Lyon.

— Elise ? Quelle hurluberlue ! Les illustrés et les romans policiers

d'Alice l'ont toujours horripilée !

DIALOGUE N° 58

— Quelle sera belle, notre Adèle, dans sa belle robe de bal !

— Adèle ? En robe de Bal ? Quelle nouvelle ! Elle n'a pas de

robe de bal !

— Pas de robe de bal ? Demande à Paul !

— A Paul ? Il n'est pas si matinal, en général, l'animal ! Surtout

depuis qu'il est soldat !

Leçon 20 [r] :
"soir", "rue", "partir"

RAPPEL

La consonne doit être mise en place avec le plus grand soin, d'abord en position finale comme dans : « dort », « car », « port », « soir », « partir », etc. Cette mise en place sera facilitée si la pointe de la langue reste d'abord en contact avec les alvéoles, en arrière des incisives supérieures. La langue pourra, ensuite, reprendre sa liberté sans inconvénient.

DIALOGUE N⁰ 59

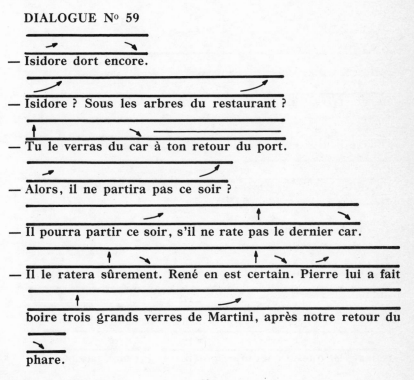

— Isidore dort encore.

— Isidore ? Sous les arbres du restaurant ?

— Tu le verras du car à ton retour du port.

— Alors, il ne partira pas ce soir ?

— Il pourra partir ce soir, s'il ne rate pas le dernier car.

— Il le ratera sûrement. René en est certain. Pierre lui a fait

boire trois grands verres de Martini, après notre retour du

phare.

— Le phare qui se trouve à l'entrée du port-Nord ?

— Oui, le phare du port-Nord.

— Pauvre Isidore ! Une carafe d'eau fraîche aurait mieux fait

son affaire que trois verres de Martini !

DIALOGUE N° 60

— Henri arrivera mercredi soir à quatre heures et quart.

— Quatre heures et quart ? Tu ne trouves pas ça trop précis ?

En voiture, par cet itinéraire très dur, il pourrait bien n'arri-

ver qu'à cinq heures.

— Il arrivera sûrement à l'heure prévue. Sa voiture est rapide.

Et nous sommes sûrs, Pierre et moi, qu'Henri a de très bons

réflexes et que la conduite sportive ne lui fera pas peur.

Leçon 21 | L'enchaînement vocalique

RAPPEL

Il y a toujours enchaînement vocalique, et non « hiatus » ou rupture, en français entre deux ou plusieurs voyelles successives (Ex. : aérer, éolien, haïr, il va à Athènes, il a eu une idée, etc.).

Beaucoup d'étrangers, notamment les Anglo-saxons et, plus encore, les Allemands, ont tendance à segmenter ces séquences vocaliques par des ruptures ou des émissions de sons parasites dont l'effet sur une oreille française est extrêmement fâcheux.

DIALOGUE N° 61

— Tu vas à Athènes ou à Istamboul ?

— A Athènes, si Emilie y va en voiture.

— Mais tu as aussi une voiture !

— J'en ai une, mais tu as une idée de son état ? Le frein à main est mort, le volant a un jeu épouvantable et une roue avant a un pneu usé.

— A y réfléchir, tu as eu une bonne idée quand tu as renoncé à aller à Athènes avec ça ! Tu as vu la voiture qu'Anna a

eue à Arles ? Ça, c'est de la bagnole !

DIALOGUE Nº 62

— Tu as su qu'Anna et André ont eu une fille ? André l'a annoncé

à Albert.

— A Albert, mais pas à moi, ni à Emilie.

— Anna et André ont sûrement dit à Albert de ne pas en parler

avec toi. Anna est gênée, et André aussi, qu'Anna et toi, ça

ait cassé à Aix, l'année où elle a échoué à ses examens.

— J'ai eu une impression épouvantable le jour où Anna m'a

annoncé qu'elle était fiancée à André. Mais au fond, elle a eu

raison. Quant à André, je lui ai aussi gardé mon amitié. Je

les verrai volontiers en mai ou juin, à Avignon ou à Arles.

Leçon 22 / Les consonnes dans la chaîne sonore

RAPPEL

1 / *Ne pas oublier que lorsqu'un mot terminé par une consonne est suivi d'un mot commençant par une voyelle, consonne et voyelle sont intégrées et forment une syllabe très solidement structurée (c'est l'enchaînement consonantique) Exemples :*

trent(e) ans [trɑ̃] [tɑ̃]
notr(e) âge [nɔ] [traʒ], etc...

Une rupture entre la consonne finale et la voyelle initiale constituerait une faute très grave.

2 / *Les liaisons (Ex. : nos‿amis — en‿Italie — etc...) se font surtout après les consonnes : [z], [t] et [n], la plus fréquente de toutes étant la liaison avec [z]. Les liaisons avec [r] et [p] (Ex. : le dernier‿étage — je me suis beaucoup‿amusé) sont beaucoup plus rares et surtout plus instables.*
Les liaisons obligatoires se situent toujours entre des mots étroitement solidaires par le sens et par la syntaxe (Ex. : des‿étudiants, en‿Amérique, parlent-ils, etc...).
Pas de liaison après un nom au singulier (Ex. : un enfant/arrive) ou après [h] dit : « aspiré » (Ex. : des/héros, des/hauts et des bas, etc...).

3 / *Quand deux consonnes identiques sont en contact dans la chaîne sonore (Ex. : une bonn(e) nouvelle, ta rob(e) blanche, nett(e)té, etc...) le français a tendance à ne pas réaliser de détente entre les deux consonnes et à les réduire à une consonne unique et longue dite « consonne géminée ».*
L'opposition : consonne brève/consonne géminée est parfois distinctive :

Ex. : *Il espéra ≠ Il espér(e)ra*
Il vient dîner ≠ Il vient d(e) dîner — etc...

73

DIALOGUE N° 63 (l'enchaînement consonantique)

— Quels enfants, à votre âge !

— A notre âge ? Quel âge avons-nous, à votre avis ?

— A mon avis, l'âge d'André, à deux ou trois ans près.

— Gisèle a cinq ans d'avance sur André et moi, j'ai trente ans.

— Vous êtes toujours aussi jeune.

— Vous êtes trop aimable.

DIALOGUE N° 64 (liaisons obligatoires et facultatives)

— Nos amis d'Amérique nous ont emmenés en Italie et en

Espagne, avec d'autres amis.

— On n'en n'avertira pas Hélène. Elle qui est sans amis !

— Sans amis, Hélène ? Elle en a, au contraire, des tas !

— Parlons-en ! Tu les verras quand ils arriveront, ceux que tu appelles ses amis !

— Mais je les ai déjà vus ! Et je les aime beaucoup ! Et je les

admire !

— Tu as de ces enthousiasmes ! Un sous-officier, un sous-

agent des P. T. T., qu'elle a vus, une fois ou deux, sur les

Champs-Elysées...

— Je suis sûr qu'elle les a revus de temps en temps.

— Peut-être, mais de moins en moins, depuis son retour des

Etats-Unis.

DIALOGUE N° 65 (liaisons interdites)

— Chère Madame, votre enfant arrivera sûrement à se guérir.

— Merci, docteur, vous croyez vraiment à sa guérison ?

— Je suis sûr que cet enfant étonnera tout le monde. Je lui

ordonne seulement un repos immédiat.

— Un repos absolu, docteur ?

— Oui, Madame, un repos absolu et immédiat.

— Et comme régime ?

— Du riz à l'eau ou un peu de riz au lait.

— Et Elise, Docteur ? Elle sera aussi au riz à l'eau ?

— Mais oui, ça ne les tuera pas ! Après ça, il y aura encore des

hauts et des bas, mais vous pourrez varier : quelques hors-

d'œuvres, des haricots en salade, par exemple.

— Des haricots verts, j'imagine. Et les harengs ? Elise adore

les harengs.

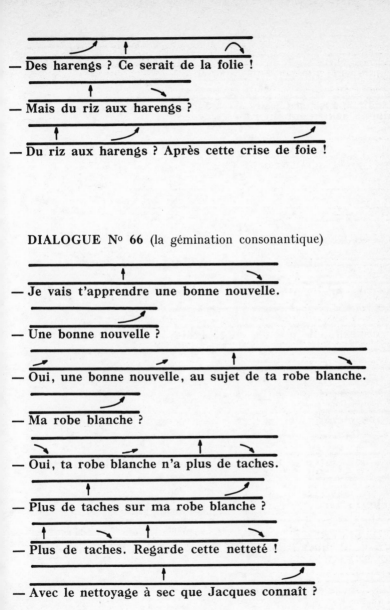

— Des harengs ? Ce serait de la folie !

— Mais du riz aux harengs ?

— Du riz aux harengs ? Après cette crise de foie !

DIALOGUE N⁰ 66 (la gémination consonantique)

— Je vais t'apprendre une bonne nouvelle.

— Une bonne nouvelle ?

— Oui, une bonne nouvelle, au sujet de ta robe blanche.

— Ma robe blanche ?

— Oui, ta robe blanche n'a plus de taches.

— Plus de taches sur ma robe blanche ?

— Plus de taches. Regarde cette netteté !

— Avec le nettoyage à sec que Jacques connaît ?

77

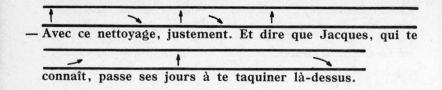

— Avec ce nettoyage, justement. Et dire que Jacques, qui te

connaît, passe ses jours à te taquiner là-dessus.

DIALOGUE Nº 67

— Je crois qu'elle attend.

— Tu crois qu'elle attend, ou tu crois qu'elle l'attend ?

— Je crois qu'elle l'attend, mais qu'elle a le temps.

— Tu me mens.

— Mais non, je ne te mens pas ! Elle sait qu'il vient de dîner

et elle l'attend.

— Qu'il vient dîner ? Tu aurais pu me prévenir à temps !

— Mais il ne vient pas dîner !

— Tu me prends pour une idiote ? Tu viens de me le dire.

— Je n'ai pas dit qu'il vient dîner, puisqu'il a déjà dîné !

— Admettons que je sois folle !

— Tu pourrais m'écouter avant de dire que je cherche à te faire passer pour une folle ! Je te répète qu'il vient de dîner. Alors, il ne va tout de même pas recommencer. « Il vient de dîner » et « il vient dîner », ce n'est pas la même chose !

— Oui, mais le français est tout de même une drôle de langue !

Table des matières

Imprimé en France par l'Imprimerie du Marval, 94400 Vitry-sur-Seine
Dépôt légal n° 9838-12-1984 — Collection n° 06 — Édition n° 05
H 15/4552/4